Josef Pollhammer

Columbus

Episch-lyrische Dichtung

Josef Pollhammer

Columbus
Episch-lyrische Dichtung

ISBN/EAN: 9783743670532

Hergestellt in Europa, USA, Kanada, Australien, Japan

Cover: Foto ©Thomas Meinert / pixelio.de

Weitere Bücher finden Sie auf **www.hansebooks.com**

Columbus.

Episch=lyrische Dichtung

von

Josef Pollhammer.

Dritte Auflage.

Wien.

Druck und Verlag von Carl Gerold's Sohn
1892.

Zur

vierhundertjährigen Jubelfeier

der

Entdeckung Amerika's.

Inhalt.

Ein Tag in Lissabon.

Portugiesen! eurem Ruhme
Blüht der Dichtung edle Blume,
    Großer Thaten schönster Lohn!
Ewig jung vom Tajostrande
Schaut sie über Meer und Lande,
    Eure Krone Lissabon.

Sollt ihr auch manch' Kleinod missen,
Das im Zeitenlauf entrissen,
    Sank der raubenden Gewalt,
Neue Tage mögen kommen,
Da, zu frischer Kraft entglommen,
    Euer Ruf die Welt durchwallt!

Denn so lang in eurem Blute
Von der Väter kühnem Muthe
    Noch ein warmer Funke bebt,

Bleibt zu Höh'rem ihr erkoren,
Ist die Zukunft nicht verloren,
   Hat das Volk nicht ausgelebt.

Durch die Saiten hör' ich's rauschen,
Und es zieht den Geist, zu lauschen
   Ferner Tage dunklem Gang:
In die Seele steigt es nieder,
Mächtig in dem Flug der Lieder
   Sendet sie den Wiederklang.

Aus den Mauern, aus den Gassen
Wogen bunte Menschenmassen,
   Ihre Mienen froh bewegt;
Von dem Hafen kam die Kunde,
Die im Lauf von Mund zu Munde
   Alle Herzen aufgeregt.

Heut' ist eine hohe Feier,
Afrika, es sinkt dein Schleier!
   Sphinx, dein Räthsel wird enthüllt!

Alter Weisen dunkles Ahnen,
Ihres Wort's profetisch Mahnen
   Hat ein edler Geist erfüllt.

Durch der Becher laute Klänge
Schallen dir die Preisgesänge,
   Heinrich Prinz von Portugal!
Nicht des Schwertes blut'gem Fluche,
Deiner Weisheit gold'nem Buche
   Sank des Welttheils finst'rer Wall!

Sagres wird im Liede dauern,
Wenn der Reiche feste Mauern
   Stürzen in der Zeiten Nacht;
Heinrich's Saaten sind gediehen,
Und die schweren Schiffe ziehen
   Reich einher mit ihrer Fracht.

Bärt'ge Männer seh' ich eilen,
Warmen Gruß der Heimat theilen,
   Stirn' und Wange sonnverbrannt;

Wer die stolzen Blicke schaute,
Und das Haar, das halbergraute,
 Hat als Schiffer sie erkannt.

Nach der Wand'rung bitt'ren Jahren,
All' den stürmenden Gefahren,
 Ist die Heimkehr Hochgenuß;
Wähnt man schon ein Glück verloren,
Wird die Seele neu geboren
 Bei des Wiederfindens Kuß. —

Blumen duften, Bänder fliegen,
Und die bunten Fahnen wiegen
 Flatternd sich in Sommerluft;
Da den Jubel neu entzündend,
Seines Königs Nähe kündend,
 Durch das Volk der Herold ruft.

Um den Thron in gold'nem Flitter
Sammeln sich des Reiches Ritter,
 Lautlos starrt die Menge hin,

Bis ihr ferne Stimmen melden,
Daß des Tages kühne Helden
    Vor des Thrones Stufen zieh'n.

Gold und Steine, kostbar flimmernd,
Schwarze Menschen, perlenschimmernd,
    Oeffnen jetzt den langen Zug;
Und es zeigen selt'ne Früchte,
Daß der Zauber der Gerüchte
    Nur der Wahrheit Siegel trug.

Spricht der König: „Froh beklommen
Seh' ich euch, ihr Brüder, kommen,
    Und den Segen, den ihr bringt!
Wer wird meine Hand berathen,
Da der Wert von euren Thaten
    Meinem Danke sich entringt?

„Heinrich! uns're hellsten Geister
Ehren dich als ihren Meister,
    Als des Landes größten Sohn!

Nimm für heut' die schwere Bürde,
Spende nach des Königs Würde
    Dem Verdienste seinen Lohn!"

Unter jenen frohen Scharen,
Die des Festes Zeugen waren,
    Stand ein Fremdling, scheinbar kalt;
Ein Gewand nach Mönches Sitte
Mit dem Gürtel um die Mitte
    Hüllt die edle Mannsgestalt.

Aber seine hellen Augen
Schienen jedes Wort zu saugen,
    Das vom Throne niederfloß;
Als den Dank der König zollte,
War's, als ob er sprechen wollte,
    Was die tiefe Brust verschloß.

Aber wie die Glut entstanden,
Sinkt sie vor des Geistes Banden,
    Und zum Herzen flieht das Wort;

Wird ihm hier die Luft zu enge?
Durch die dichte Menschenmenge
  Eilt er festen Schrittes fort.

Wo die letzten Schiffe ruhten,
Und mit seinen blauen Fluten
  In das Meer der Tajo fällt;
Hinter ihm in weitem Bogen
Ist der Kranz der Stadt gezogen,
  Sinnend hier der Fremdling hält.

Glühend sinkt die Sonn' im Abend,
Land und Meer mit Kühlung labend,
  Steigen rothe Wolken auf;
Matt sich spiegelnd in dem Meere,
Strecken sie wie Säulenheere
  In den Himmel ihren Knauf.

Jetzt erzittern sie am Fuße,
Weil herein zum letzten Gruße
  Sich des Lichtes Gold ergießt;

8

Waſſer funkeln, Zinnen ſprühen,
Thürme flammen, Wälder glühen,
   Und das große Schauſpiel ſchließt.

Klagend um des Tages Wonne,
Folget Stern um Stern der Sonne,
   Kühler weht die Luft aus Nord;
Luſt und Freude ſind zerfloſſen,
Und die letzten Feſtgenoſſen
   Wandeln nach der Schiffe Bord.

Wie ſie jenen Mann gewahren,
Späh'n ſie, was des Wunderbaren
   Er nach Weſt zu ſehen glaubt?
Aber weil der Gaſt zu düſter,
Schütteln lächelnd im Geflüſter
   Und bedenklich ſie das Haupt.

Das Kloster La Rabida.

La Rabida's Pforten klangen,
    Und der Schaffner trat heraus:
Gottes Gruß, mein edler Pilger!
Ist bescheiden dein Verlangen,
    Oeffnet gastlich sich das Haus!

„Frischen Trunk und wenig Speise,"
    Sprach darauf der fremde Mann,
„Giebst du sie dem müden Knaben
Zur Erfrischung für die Reise,
    Meines Weges zieh' ich dann.

„Dieses Kind ist meine Habe,
    Eines todten Glückes Pfand;
Nur Gedanken sind mein Reichthum,
Und so lohne deine Gabe
    Dir des Himmels milde Hand!"

Als der Pilger so gesprochen,
  Fühlt' er leise sich berührt,
Zu ihm trat des Klosters Prior:
„Niemand darf vergebens pochen,
  Den ein Unglück zu uns führt.

„Daß dein Knabe nicht erlahme,
  Gönn' ihm Ruh', bevor du ziehst!
Sei mein Gast, du bist willkommen!
Juan Perez ist mein Name,
  Gottes Diener, wie du siehst."

Abend ward's; an Bergessäumen
  Spielte noch der Sonne Schein
Und drei Männer schlürften traulich
In des Klosters ernsten Räumen
  La Frontera's edlen Wein.

„Genua hat Euch geboren?
  Jene stolze Meeresbraut?"
Hob jetzt an der Arzt Fernandez,
„Wandernd aus Lisboa's Thoren
  Habt den Tajo Ihr geschaut?"

„Euer Reichthum," — drängt nun Perez,
   Sei'n Gedanken, wie Ihr spracht?
Und Gedanken sind wie Perlen;
Bleiben sie im Schoß des Meeres,
   Eitel Nichts ist ihre Pracht!"

Eine Wolke, die umdunkelt
   Hielt des Gastes Angesicht,
Schwindet langsam von der Stirne
Und sein klares Auge funkelt
   Auf die Beiden und er spricht:

„Genua hat mich geboren,
   Jene stolze Meeresbraut;
Christoval Columbus heiß' ich,
An Lisboa's hohen Thoren
   Hab' den Tajo ich geschaut.

„Doch von seinen blauen Fluten
   Jagte mich ein bös Geschick:
Denn Gedanken sind mein Reichthum
Und der Perlen helle Gluten
   Locken gern des Räubers Blick.

„Noch in meiner Kindheit Tagen
    Schaut' ich träumend in das Meer;
Wundersame Märchen klangen
Und die alten Schiffersagen
    Machten mir die Seele schwer.

„Von dem Land der Hesperiden,
    Wo die Zauberbäume steh'n,
Die mit ewig gold'nen Früchten
Eines Edens Lust umfrieden,
    Dessen Lenze nie verweh'n;

„Von Atlantis, die im Westen
    Plato's hoher Geist gedacht,
Die in längst entschwund'nen Jahren,
Senkend ihre stolzen Festen,
    Unterging in Meeresnacht;

„Von Cipango's reicher Insel,
    Die an Ostens fernstem Rand
Mit des Paradieses Farben,
Mit der Fantasieen Pinsel
    Malte Marco Polo's Hand; —

„All' die dunklen Märchen drangen
   In des Jünglings off'ne Brust
Und durchwehten sie wie Geister:
Nur das Meer ward mein Verlangen,
   Seine Freiheit meine Lust.

„Und so zog ich in die Fernen,
   Stürme schaut' ich hundertfach!
Ihren Urquell wollt' ich finden,
In den Wogen, in den Sternen
   Forscht' ich ihrem Räthsel nach.

„Jahre schwanden; heller immer
   Ward es mir im weiten Raum
Und der prüfende Gedanke
Flocht mit wunderbarem Schimmer
   Sich um meiner Jugend Traum.

„Dämmernd bis zur Sonnenklarheit,
   Aus der Zeichen dunklem Heer,
Aus dem Wirbel der Erscheinung
Strahlte mir die große Wahrheit:
   Seine Grenzen hat das Meer.

„Porto Santo's Felsgestade
   Kennen meiner Tritte Spur;
Dort in wolkenlosen Nächten
Drang mein Blick auf off'nem Pfade
   In des Westens Sternenflur.

„Porto Santo's Felsenriffe
   Bergen mir ein theures Grab;
Lebewohl, rief ich der Todten,
Schaute weinend von dem Schiffe,
   Das dem Wind die Segel gab.

„Und es stieg aus blauen Wogen,
   Funkelnd in des Morgens Schein,
Meines Lebens schöne Wiege;
Von des Hoffens Wahn gezogen,
   Fuhr ich in den Hafen ein.

„Genua gab mir das Leben,
   Und ich biet' ihm eine Welt!
Doch die starren Geister konnten
Nicht zu jenen Höhen streben,
   Die das Licht der That erhellt.

„Düster wankt' ich durch die Gassen,
   Hinter mir des Hohnes Schmach:
Frevler, Schwärmer, eitler Träumer,
Gottes Welt willst du umfassen!
   Scholl es dem Verbannten nach.

„Da gedacht' ich deiner Sendung,
   Sonne du von Portugal!
Heinrich! deiner Thaten Geister
Harren trauernd der Vollendung,
   Klagend deinen frühen Fall.

„Aus des Tajo grünen Matten
   Strahlst du herrlich, Lissabon!
Doch dein Glücksstern ist gesunken,
Und die nächtlich schwarzen Schatten
   Schweben um des Herrschers Thron.

„Unter den geweihten Mützen
   Wohnt der Haß und wohnt der Neid;
Und sie lenken Johann's Zepter,
Nennen sich des Thrones Stützen,
   Schimmernd im erborgten Kleid.

„Soll die Krone sich erniedern?
  Dir, dem Bettler, dient sie nie! —
Hört' ich auf mein dringend Bitten
Stolz und frostig sie erwiedern
  Und zur Falschheit griffen sie.

„Doch dem Schiffe fehlt der Segen,
  Der Begeist'rung dauernd Licht:
Ausgesandt mit meinen Plänen,
Irrt es auf verworr'nen Wegen
  Und dem Sturme stand es nicht.

„Hat ein König dich betrogen,
  Dem Verderben bist du feil!
Sprach in mir ein düst'res Mahnen, —
Von des Tajo hellen Wogen
  Jagte mich des Mordes Pfeil.

„Und so wandr' ich ohne Hoffen
  Durch das Leben, ohne Glück;
Finsterniß umhüllt die Zukunft,
Böse Wunden werden offen,
  Träumt mein Auge sich zurück.

„Wie in schroffer Felsenspaltung
 Sonnberaubt ein tiefes Thal, —
Tausend Keime, d'rin verborgen,
Harren ängstlich der Entfaltung, —
 Zieht durch meinen Geist die Qual.

„Jahre fliehen, und dem Arme
 Sinkt der männlich hohe Muth,
Bald wie Silber glänzt die Locke
Und das Herz, das liebewarme,
 Stirbt in seiner eig'nen Glut."

Wenn ein Strom der Fluren Bäche
 In sein tiefes Bette schlingt,
Schwindet bald ihr eig'nes Dasein
In der spiegelklaren Fläche,
 Die zum Meere langsam dringt.

Von des Gastes Rede trunken,
 Glühend für den selt'nen Mann,
Saßen stumm die beiden Hörer;
Sah'n, wie durch des Auges Funken
 Eine Thränenperle rann.

**

Perez brach zuerst das Schweigen:
　„Tief gebeugt vor deiner Kraft,
Muß ich Dich um Liebe flehen!
Meine Seele bleibt dein eigen
　Und sie freut sich ihrer Haft.

„Was der Freund dem Freunde schuldet,
　Thun und Denken weih' ich Dir!
Und so lange noch die Erde
Meines Körpers Schatten duldet,
　Wohnt dein Bild im Herzen mir.

„Herrlich auf Castiliens Throne
　Sitzt ein göttergleiches Weib;
Nie um eine schön're Seele
Floß die Majestät der Krone,
　Nie um einen edlern Leib.

„Laß' die Zukunft heiter lächeln,
　Und in Isabella's Hand
Gieb des Hoffens matte Flamme!
Ihrer Güte sanftes Fächeln
　Zündet sie zu vollem Brand.

„Und ich will den Weg Dich führen
    Durch des Hofes reichen Glanz,
Bis vor ihres Auges Strahlen;
Manche sonst verschloss'ne Thüren
    Oeffnet Kreuz und Rosenkranz."

Und Fernandez hob die Stimme:
    „Nehmt auch mich in eu'ren Bund!
Wirkend still im kleinen Kreise,
Sorg' ich, daß der Funke glimme,
    Lodernd durch der Herzen Grund.

„Und so sei das Band geschlungen,
    Enger am geweihten Ort;
Und so laßt die That uns feiern,
Denn das Ziel liegt halb errungen
    In des Mannes festem Wort.

„Dieses Glas voll Rebengluten,
    Dem Gedanken sei's geweiht!
Herrlich aus der Menschenseele
Durch der Zeit bewegte Fluten
    Schwebt er zur Unsterblichkeit."

Seltsam durch des Klosters Räume
Schlägt der ungewohnte Hall;
Matter flimmert schon die Lampe,
Spielend an der Fenster Säume
Steigt des Mondes Silberball.

Beatris.

Hat je die Liebe Größeres errungen,
Als da sie eine Welt den Menschen fand?
Hielt den Verhöhnten nicht das zarte Band,
Wär' unbekannt sein Name längst verklungen.
Der Geist, aus einem höhern Sein entstammt,
Hier fand er einen Spiegel, sich zu schauen;
Ihm durft' er sein geheimes Licht vertrauen,
Bis es in Sonnenglut die Welt durchflammt.
Das ist der Gottheit räthselhaftes Weben:
Es soll der Mensch durch Liebe zu ihr streben.
Verstand mag wohl des Domes Bau vollbringen,
Der als ein Formenwerk im Grunde steht;
Des Herzens Weihe muß den Stein durchdringen
Und glühend spricht der Pilger sein Gebet.
Wenn rings Gefahr auf hohem Meere lodert,
Die Klugheit jeder Muskel Spannung fodert;

Wenn Segel reißen und die Maste splittern,
Den kühnsten Seemann faßt ein ängstlich Zittern;
Bald wird des Menschen Kraft ermattet wanken,
Denn die Natur erkennt als Herrn ihn nicht!
Da zuckt durch sein Gemüth ein strahlend Licht:
Begeist'rung hebt im Fluge die Gedanken,
Vor seinem Auge schwebt die Traumgestalt,
Und der Verklärung Schein umfließt das Wesen,
Für welches er den wilden Pfad erlesen,
Sein inn'res Leben wird sein letzter Halt.
Frei wogt die Brust, die schon der Tod umsponnen,
Als gält's ein Spiel, nicht drohendes Geschick,
Hat er im fürchterlichsten Augenblick
Den leichten Muth zu kühnem Trotz gewonnen.
Ist es ein Dämon, der die Sehnen stählt?
Ein Gott, der, wie uns alte Dichter sagen,
Sich einen Menschen frei zum Schützling wählt?
Der Sturm verweht; die müden Wellen schlagen
Zerstäubend an das unversehrte Schiff,
Ein Sonnenstrahl durchbricht die Wetterwolke
Und zeigt dem schwer bedrohten Schiffervolke
Im Hintergrund ein wildes Felsenriff.
Fahrt zu! und dankt dem Gott, der euch bewahrt!

Als in Verzweiflung eure Herzen pochten:
Er hat in einem Mann sich offenbart,
Und Liebe nur hat euch den Sieg erfochten. —

Cordoba zählt man zu der Städte Perlen,
Auf's grüne Kleid Hispania's gelegt;
Sie hat die schönsten Frauen stets gehegt,
An Blick dem Adler gleich, an Wuchs den Erlen.
Das war ein Treiben in der Mauren Zeit,
Als noch in Blüte stand der Ritterorden
Und Minne nicht zum Märchen war geworden,
Zum Schattenbilde der Vergangenheit.
Was Fantasie erfindungsreich vermag,
Hier sah man's durch die bunten Straßen schweben,
Ein Fest für Frau'n war jeder Sommertag;
In Streit und Liebe schwand der Männer Leben.
Europa lag verhüllt in Nebeldunst,
Als hell im Schimmer königlicher Gunst
Azahra stand, die Burg der Ommeyaden,
Des Wissens edle Blüte, wie der Kunst.
Wie mochte stolz ihr Bild im Strome baden!
Hier war's, wo einstens Abderrhaman sang,
Als tiefes Heimweh sein Gemüth durchdrang.

Die erste Palme, die der König pflanzte,
Sie ward für ihn zum Bilde seines Lebens:
Er sah, wie sie zum Himmel stieg vergebens,
Da welk ihr Blatt auf blauen Wellen tanzte. —
Der Mauren lichte Sonn' ist längst gesunken,
Doch ihre Palmen steh'n in Jugendkraft;
Die Welt erfüllt noch ihre Wissenschaft
Und feurig sprühen ihres Liedes Funken.

Ich seh' das Kreuz auf hohen Säulenhallen,
Und Christenbilder, schmückend die Moscheen
Und seh' Castiliens stolze Fahnen wehen
Und seines Hofes edle Ritter wallen.
Du reiche Stadt! vor allen Eine Blume,
Die in der Zeiten Lauf dein Schoß geboren:
Ein Mädchen ward zu deinem größten Ruhme,
Das sich der Weltentdecker hier erkoren!
Wie kam es, daß die Maid aus edlem Blute,
Die Venus mit der Schönheit Gürtel band,
Die mancher Ritter freit' im Prunkgewand,
Am Herzen eines armen Pilgers ruhte?
Denk' einen milden Sommerabend dir
Am grünen Ufer des Guadalquivir.

Die Lüfte streichen sanft durch Gartenhecken,
Und murmelnd fällt in glänzendem Getriebe
Das Wasser in die blanken Marmorbecken.
Und herrliche Gestalten schau'n hinein,
Umflossen von des Abends mildem Schein.
Hier schloß Natur und Kunst den Bund der Liebe!
Und hier war auch aus seiner Sehnsucht Nacht
Der Jungfrau Herz zum gold'nen Licht erwacht.
Ihr Götter dort, wie euer Name lautet,
Hätt' euch ein Glück vergönnt, gleich uns zu fühlen,
Es mußte Neid durch euren Busen wühlen,
Wenn ihr den holden Engel wandelnd schautet!
Wohl spiegelt sich in Aphroditen's Formen
Des Weibes Schönheit nach der Griechen Normen;
Doch höher strahlt sie aus der Jungfrau Zügen,
Wenn ihr das Wort erstirbt vor Seligkeit,
Und ihre Lippen, sanft und unentweiht,
Sich des Geliebten erstem Kusse fügen.
Aus ihrem Auge spricht ein träumend Sinnen,
Das ihrer Seele schöne Welt verräth:
Der Mann, vor dem ihr Schleier sinkt, erspäht
Die höchste Lust, sein tiefstes Glück darinnen.
So war Beatris, eine Frühlingsblüte,

Als für den Fremdling ihre Brust erglühte.
Ein Schwärmer schien er, wie die Welt ihn nannte,
Die dieses Meer in ruhelosen Stürmen
Sich brandend sah an schroffen Felsen thürmen,
Doch nimmer, was im Grunde lag, erkannte.
Das Mädchen hat's erkannt! und wie er sprach,
Zog all' ihr Denken seinem Worte nach.
Oft, wenn verhöhnt von seiner Neider Schwarme,
Er tief bereute die verlor'nen Stunden,
Umschlungen von der Liebe treuem Arme,
Hat wieder er sein beff'res Ich gefunden.
Was dunkel in der Seele lag verborgen,
Es dämmert auf zum sonnenhellen Morgen.
Er schwärmt von Glück und Ruhm und lichten Kronen,
Die seiner warten in der fernen Welt;
Sein Blick durchwandert unbekannte Zonen,
Wo fremde Sterne glüh'n am Himmelszelt.
Kein schwankend Bild im Nebelkleid der Meinung,
Ein sich'res Wissen wird ihm die Erscheinung,
Die Zukunft eine lächelnde Sibylle
Und zum Entschlusse reift der stolze Wille.

Isabella.

Wie können Gold und Edelstein
Die Zierde dieser Kön'gin sein?
Sie blüht der zarten Blume gleich,
Die auf der Fluren stillem Reich,
Von eig'ner Schönheit nur geschmückt,
Des Wand'rers Sinn und Herz beglückt.
Und doch, — wie kann der Majestät,
Der sich die kühnsten Geister fügen,
Die wunderbar aus ihren Zügen,
Aus jedem ihrer Worte weht,
Der kleine Königsschmuck genügen?
Es müßte denn die ganze Pracht,
Die sich im Schoß der Fluten wiegt,
Die noch im tiefen Bergesschacht

2*

Dem Menschenaug verborgen liegt,
Empor an's Licht des Tages steigen,
Um ihrer würdig sich zu zeigen.
Es müßt' ein Meer von Blumenkränzen
Mit tausend Farben um sie wallen,
Ein Sternenhimmel von Krystallen
Mit lichten Funken rings erglänzen,
Daß sie ein Paradies umfinge,
D'rin ihre Hoheit wandelnd ginge.

Aus ihres Auges sanftem Blau,
Wie auf die Blüten Morgenthau,
Sinkt in das Menschenherz die Huld,
Sinkt in die Menschenbrust das Hoffen;
Wen dieser Zauber hat getroffen,
Bleibt festgebannt in ihrer Schuld.
Ein Tropfen war's von diesem Thau,
Aus dieses Himmels mildem Blau,
Der tief in Colon's Seele rann,
Als nach der Täuschung langer Qual
Sein hoher Geist zum ersten Mal
Die feste Zuversicht gewann.
Nicht war's der Wunsch nach Siegeschren,

Den Isabella's Busen hegte,
Nicht der Erob'rung stolz Begehren,
Das ihren Eh'gemal bewegte,
Den klugen kalten Ferdinand,
Der schon im Geiste ließ die Hand
Das Scepter ferner Reiche schwingen
Und herrschend Volk um Volk bezwingen,
Sie träumte sich den schön'ren Sieg
Der Wahrheit und der Menschenliebe
Und wie der Glaube wachsend stieg,
Gab sie Gestalt dem edlen Triebe
Und dacht' in holder Weiblichkeit
Sich von der Welten höchstem Wesen
Zur Spend'rin frohen Glücks erlesen,
Verkünd'rin einer gold'nen Zeit.

Wenn solche Menschen aufersteh'n
Und waltend auf der Erde geh'n,
Sind sie wie leuchtende Kometen,
Die mit geheimnißvollem Licht
In's dunkle Reich des Himmels treten.
Wir kennen ihre Heimat nicht
Und glauben in der Seele Wahn,

Es muß, wenn einst auf seiner Bahn
Das Wunderbild dem Aug' entfloh'n,
Ein Unheil dieser Erde droh'n,
Weil sich ihr herrliches Erscheinen
So tief in's Herz des Menschen prägt,
Daß es den Nebel des Gemeinen
Nur um so schwerer fühlt und trägt. —
Es war ein hoher Augenblick,
Als der Begeist'rung Strahlenband
Sich um die beiden Menschen wand,
Und mächt'gen Hauches das Geschick
Der beiden Geister Riesenflammen
Zu Einem Lichte trieb zusammen.
Wie groß erschien Liguriens Sohn,
Als er bescheiden vor dem Thron
Des Menschengeistes ew'ge Sache
Mit solcher Glut der Rede führte,
Daß tief der Zauber seiner Sprache
Das staunende Gemüth berührte.
Nur wer in seiner Seele Nacht
Des hohen Geistes Uebermacht
Nicht will erkennen und erleiden,
Der muß ihn hassen, muß ihn meiden.

Und manche von den trüben Seelen,
Die nur das Licht der Wahrheit flieh'n,
Weil ihnen klare Sinne fehlen,
Versuchen, um die Königin,
Mit teuflisch frevelndem Beginnen,
Der Ränke dunkles Netz zu spinnen.
Sie lenken, Feinde jeden Lichts,
Die schönsten, herrlichsten Entschlüsse,
Des Geistes vollste Strahlengüsse
Zurück in's thatenleere Nichts.
So hört in Salamanca's Rath,
An tieferen Gefühlen arm,
Der finst're hochmuthvolle Schwarm
Den Mahnruf zu der großen That
Und hört, wie am geweihten Ort
Columbus mit Profetenwort
Der Welt die neue Zeit verkündet.
Ward manches wärm're Herz entzündet,
Die Mehrzahl will die Wahrheit nicht;
Sie fürchten, daß der Bau zerbricht,
Den ein Jahrtausend aufgeführt,
Daß dieser Denker ihn berührt,
Daß ihm die alte Form zu enge

Und er des Glaubens Ketten sprenge.
Und als im Kampf Granada fiel,
Am Thor der Stadt im heißen Sand
Der Sohn des Unglücks Boabdil,
Der Mauren letzter König, stand,
Die Hand zu küssen, die ihn schlug,
Als er dem Herscherpaar entgegen
Die Schlüssel der Alhambra trug,
Sein Herz den vollen Thränenregen
Ihm durch die glüh'nden Augen goß;
Er nun die Sporen gab dem Roß,
Es jagend ohne Rast und Ruh
Den Alpujarenbergen zu;
Als tausend Stimmen sich erhoben
Und in der Siegesfreude Toben,
Im wilden Sturm die Königin,
Gelenkt von zartem Frauensinn,
Der stets den Augenblick erkannte,
Des Genuesers Namen nannte,
Um endlich sein erhab'nes Streben
Mit sichrem Hoffen zu beleben;
Da meinten sie, schon wär' genug
Mit ihres Rathes Hilf' gescheh'n,

Begrenzt sei auch des Adlers Flug,
Es wäre Zeit nun, still zu steh'n,
Daß nicht der frevelnde Versuch
Sich strafe mit des Himmels Fluch!

Doch wie vergeblich Wolkennacht
Der Sonne gold'nen Strahl verhüllt
Und segenspendend ihre Pracht
Und herrlicher die Welt erfüllt,
Folgt Isabella's Seele nur
Dem Drang der eigenen Natur
Und läßt, von Zweifeln nicht befangen,
Das Königswort zur That gelangen.

Das war Columbus' größter Sieg,
Daß seine Brust im Lauf von Jahren
Und in der Sorgen langem Krieg
Den Gottesfunken konnt' bewahren.
Schwer ist's, die Glut der Leidenschaft
In seinem Herzen zu erhalten
Und ihre hohe Wunderkraft
Zum Werke langsam zu gestalten.
Der Große kennt die engen Schranken,

Die seinem Geist das Leben zieht;
Er hegt sein Kleinod, den Gedanken,
Bis frei der Blick den Himmel sieht.
Und mögen dann in eitlem Müh'n
Ihm nach der Wolken Blitze sprüh'n,
Er wandert seinen Sternenlauf
Und drücket dem Jahrhundert kühn
Das Siegel seiner Herrschaft auf.

Die Ausfahrt.

Siehst du Gomera's grüne Hügel leuchten,
  So denke, wie des Schiffers Auge sich
In nieempfund'nem Leide mochte feuchten,
  Als fern und ferner ihm die Erde wich.

Es geht die Fahrt hinaus, wo unergründet
  Das Wellenreich sich gegen Westen streckt,
Zum Lande, das, in Märchen nur verkündet,
  Ein undurchdrungenes Geheimniß deckt.

Noch ziehen Bilder von verfloss'nen Tagen
  Sich mächtig durch den träumerischen Wahn;
Der Eine sieht Huelva's Thürme ragen,
  Der And're schaut der Heimat grünen Plan.

Der denkt des Weibes, der verlaff'nen Kinder,
  Dem schwebt sein andalufifch Mädchen vor;
Macht auch der Stunde Lauf den Schmerz gelinder,
  Taucht immer doch das alte Bild empor.

Wohl darf der Mensch verlor'nes Gut bejammern,
  Wär' er doch Mensch nicht, blieb er scheidend kalt;
Er muß im Leben fich an etwas klammern,
  Wie stünd' er sonst der drängenden Gewalt!

D'rum wage nicht der Thränen Lauf zu stören,
  Du ahnest nicht, welch' bitt'res Leid du thuft;
Denn soll der Mensch den großen Sturm beschwören,
  So wühlt er doppelt schwer durch seine Bruft.

Auf jener Infel küßten fie die Erde
  Und lang noch irrte der Gedanken Flug
Zu ihren Hügeln wie zum Heimatherde,
  Bis fie des Windes Hauch von hinnen trug.

Die lichten Nebel hüllten das Geftade
  Und als die Sonne hoch am Mittag schien,

Starrt' noch vergebens auf verworr'nem Pfade
    Das Auge nach dem fernen Eiland hin.

Nun glänzen rings umher die lichten Wellen
    Und d'rüber breitet sich der blaue Raum;
Gleich Wolken, die im Sonnengold sich hellen,
    Umschwebt den Seemann der Erinn'rung Traum.

Er drückt sich an des Ankers kaltes Eisen,
    Es zuckt die Hand, es bebt der bleiche Mund,
Als möcht' er's schleudern in der Wogen Kreisen,
    Versenken in des Meeres festen Grund.

Hoch von dem Maste forschend späht ein And'rer,
    Ob noch ein Schimmer durch den Nebel bricht;
Ein banges Schweigen drückt die kühnen Wand'rer
    Und Furcht umspielt ihr blasses Angesicht.

Da tönen von der Pinta Schifferlieder,
    Gesänge bannen oft des Herzens Leid;
Doch hallen bald die Klänge schmerzlich wieder,
    Der Gram durchdringt der Töne Flitterkleid.

So geht die Fahrt hinaus, wo unergründet
    Das Wellenreich sich gegen Westen streckt,
Zum Lande, das, in Märchen nur verkündet,
    Ein undurchdrungenes Geheimniß deckt.

Nur Einer ist's, der ernst der Zukunft denket,
    Auf dessen Kraft der Andern Schicksal ruht;
Und wie er kühn den Lauf Maria's lenket,
    Schaut er mit klaren Augen in die Flut.

Die Losung eine Welt! — so tönt des Mahnens
    Erhab'ner stolzer Ruf durch sein Gemüth:
Ein unbeschreibliches Gefühl des Ahnens
    Hält jetzt sein ganzes inn'res Sein durchglüht.

Und da in Abendgold die Wolken funkeln,
    Ein leiser Hauch durch's matte Segel weht
Und sanft beginnen Luft und Meer zu dunkeln,
    Hebt er das Haupt zum innigen Gebet:

„O Sternennacht! du schüttest in die Seele
    Dein volles Horn mit Traumesblumen aus

Und gleich des Thaues zitterndem Juwele
    Glänzt Hoffen von den Kelchen mir heraus.

„O Meeresstille! in dein heilig' Walten
    Versenkt sich ahnungsvoll der müde Geist
Und liebt es, wenn in wogenden Gestalten
    Die Welt der Fantasieen ihn umkreist.

„Unendlich über mir wölbt sich der Himmel,
    Die Sterne flammen und die Wolken zieh'n
Und wiederstrahlend seh' ich das Gewimmel
    Und zitternd durch des Meeres Spiegel flieh'n.

„Es stürzt und braust von wachsenden Gefühlen
    Ein mächt'ger Strom durch meine trunk'ne Brust,
Wie seine Fluten an die Seele spülen,
    Werd' ich der Gottheit Nähe mir bewußt.

„Ich habe früh des Glaubens Quell getrunken,
    In mir, o Gott, empfand ich deine Macht!
Und auf vom Herzen stieg der klare Funken,
    Der Stern des Hoffens, schimmernd durch die Nacht.

„Ich liebe dich, weil ein unendlich Sehnen
   Sich überwältigend in mich ergießt,
Im Drang nach Freiheit unter heißen Thränen
   Ein Paradies von Wundern mich umschließt.

„Laß leuchten über mir dein schützend Auge,
   Der Engel deines Schicksals führe mich,
Daß ich die Quelle meines Glückes sauge,
   Dort liegt das große Land, — o führe mich!"

Der Traum.

Atlantis! Zauberinsel! süße Maid!
Du Geisterbraut im dunklen Märchenkleid!
O steig' empor zum sonn'gen Frühlingsglanze
Und spiegle dich im blauen Wellentanze!
Dein Freier naht mit ahnungsvollem Streben;
Du bist der Hoffnungsstrahl in seinem Leben,
Du bist des Paradieses Götterfrucht,
Die ohn' Ermatten seine Seele sucht.
O laß ihn einmal deine Wunder seh'n,
Mag dann im Schau'n sein Erdenglück verweh'n.

Er steht am Bord; sein stolzes Auge glüht,
Die Leidenschaft durchflutet sein Gemüth.
Auf seiner Stirne thronen die Gedanken,
Die wie das Schiff zum fernen Westen schwanken,
Als langsam ihm die Sternennacht entschwebt
Und sich das Bilderreich des Traumes hebt.

**

Begeisterung führt ihn mit kühnem Flug,
Wie sie den Jüngling durch die Wellen trug.
Schon sieht er's leuchtend aus dem Meere tauchen,
Aus Waldesgrün die weißen Nebel rauchen,
Und Felsen glänzen hell im Morgenschimmer,
Dazwischend strahlend gold'ner Kuppeln Flimmer.
Ein König tritt er an den fremden Strand,
Das fremde Volk sinkt vor dem Helden nieder;
Es ruht das Siegerschwert in seiner Hand
Und ernste Priester singen Opferlieder.
Rings duftet 's um das königliche Zelt
Von großen Blumen einer wärmern Welt.
Da schwebt vor seinem Blick das Bild der Seinen,
Die sich um ihn zum Glückesbund vereinen:
„Beatris, herrlich kleidet Dich die Binde,
Des Diademes strahlendes Gewinde!
Der Trennung Leid verschwindet im Entzücken,
O laß an dieses volle Herz Dich drücken,
Daß ich des deinen sanften Schlag empfinde!
So kann ich tiefer in dein Auge schauen
Und fest umschlingend deinen holden Leib,
Darf ich der Zunge selig es vertrauen,
Das Himmelswort: Du mein geliebtes Weib."

Da steigen plötzlich finst're Wolken auf
Und hemmen der Gefühle Wonnelauf.
Verschwunden ist sein Glück, er steht allein,
Verlassen auf verwittertem Gestein.
Weithin hört er die wilde Brandung tosen,
Verderben wälzend auf den Hoffnungslosen.
Vom schwarzen Himmel zuckt der Blitze Feuer,
Das nah' und näher an den Felsen schlägt;
Aus hohen Fluten tauchen Ungeheuer,
Die das empörte Meer zum Strande trägt.
Und leere Trümmer von zerstörten Schiffen,
Sie treiben splitternd zu den kahlen Riffen;
Schon wankt der Grund, und in das tiefe Grab,
Stürzt Glück und Unglück — und sein Traum hinab.

„Warum, o Herr, trägst Du das Haupt gesenkt?
Sieh an die Nacht, die uns der Himmel schenkt!
Orion glänzt in seiner hellsten Pracht,
Zum Trübsinn ist die Stunde nicht gemacht?“
„Wer bist du?“ — Und Columbus starrt ihn an,
Noch glüht die Brust in heißem Fieberwahn.
„Du träumest, Herr, schau besser mein Gesicht,
Kennst Du Diego's treue Züge nicht?

Wenn Menſch, Natur und alles ſich empört,
Eh' Dich es trifft, iſt dieſer Leib zerſtört!"
Columbus ſchweigt, und hebt die matten Augen,
Um aus den Sternen neuen Muth zu ſaugen.
Die funkeln ihm wie ſonſt in milder Glut,
Rückſtrahlend aus des Meeres Silberflut.
„Diego, hör'! wär eiſern nicht mein Wille,
Faſt könnte Furcht mein ſtrenges Herz durchbeben;
Doch nun hat mir die mitternächt'ge Stille
Die alte Kraft und milden Troſt gegeben.
Laß uns an jenen weiſen Spruch erinnern:
Wer vorwärts ſteuert, ſchaue nicht zurück!
Noch bauen wir auf unſer gutes Glück.
Es darf das Spiel der Nacht in unſerm Innern,
Es darf ein Traum nicht unſern Willen wenden;
Begonnen iſt's, drum müſſen wir's vollenden!
Was kommen mag, es gilt die Kraft zu ſpornen,
Wagt' ich doch blindlings nicht den kühnen Sprung:
Ich weiß, die Roſen mit den ſchärfſten Dornen,
Sie blüh'n im Lande der Begeiſterung!"

Das Licht.

„Fünfzig Tage sind verflogen,
Seit Huelva's Strand entlang
Ueber dunkelblaue Wogen
Unser Lebewohl verklang.
Unermüdet geht die Reise,
Stille waltet auf dem Meere,
Nur die matten Segel schlagen
In eintönig gleicher Weise
Und das Herz beginnt zu zagen.
Wind und Wellen möcht' ich fragen,
Ob ich einstens wiederkehre?
Doch es klingt die alte Kunde

Aus des Herzens eig'nem Grunde:
Nicht die Wogen, nicht die Sterne
Können deinen Wunsch erfüllen;
Nimmer wird der Zukunft Ferne
Deinem Auge sich enthüllen!" — —

Tiefe Nacht! Des Mondes blasser Schein
Senkt mit langen silberhellen Streifen
Sich in's sanft bewegte Meer hinein,
Malt sich oben an der Wolken Saum,
Die im Fluge durch den Himmelsraum
Sich gestaltend und verschlingend schweifen.

Maria zieht gleich einem edlen Schwan,
Der ausgebreitet seine Flügel hält,
Als wär' ihr Segel von dem Geist geschwellt,
Der ihrem Ruder zeichnet seine Bahn,
Hinaus nach einer unbekannten Welt.
Und wohl bedarf es dieses Geistes Stärke,
Denn noch am Ziele scheitern seine Werke,
Bleibt nicht die Kraft dem Willen unterthan.
Der Steuermann in ungestümem Drange,
Von wilder Hast und Sorge nur gelenkt,

Er zieht und dreht mit Unmuth nur die Stange,
Die er zum Tode wähnt in's Meer gesenkt.

Nun pfeift ein leichter Wind, die Segel schwellen,
Das Steuer ruht, und langsam durch die Wellen
Tönt von der Ninja her ein dumpfer Sang,
Als käm' er klagend aus verscholl'ner Zeit,
Ein dunkles Märchen der Vergangenheit,
Ein Lied, so ahnungsschwer, so traumesbang:

„San Brandan liegt im Meeresgrund,
Versunken ist sein reicher Glanz,
Der Häuser Pracht, der Gärten Kranz,
Der Thürme Bau, der Säulen Rund.

„Als einstens sich des Mondes Schein
Um Mitternacht aus Wolken goß,
Sein Licht im dunklen Blau zerfloß,
Ein Schiffer sah in's Meer hinein.

„Da funkelt's aus den Tiefen auf,
Das Inselreich in vollem Glanz,
Paläste mit der Gärten Kranz
Und Thürme hoch mit gold'nem Knauf.

„Und leise klang ein dumpfer Hall,
Wie ein verlor'ner Glockenton;
Er lauscht; — da war das Bild entfloh'n,
Es braust die Flut in weißem Schwall.

„Was er im tiefen Meer geschaut,
Der Zauber treibt ihn immer fort,
Zu suchen jenen Wunderort,
Das grüne Land, des Meeres Braut.

„San Brandan liegt im Meeresgrund
Und seiner Gärten reicher Kranz,
Der Thürme Bau, der Säulen Glanz,
Ward nimmer einem Auge kund."

Das Lied verklang; doch seine Töne schlichen
Den Lauschenden beängstigend in's Herz;
Der Hoffnung letzte gute Geister wichen
Und gaben Raum dem ungeheuren Schmerz.
Kein Laut durchbricht die mitternächt'ge Stille,
Doch hundert Stimmen würden bald ertönen.
Des Aufruhrs Tosen durch die Fluten dröhnen,
Wär' nicht der Eine allgewalt'ge Wille,

Der jede kühne Zunge legt in Bann,
Der streng und gleich in seinen Grenzen bleibt
Und fort und fort die müden Schiffe treibt.
Und dieser Wille lebt in jenem Mann,
Der von des Hinterdeckes schmalem Stege
Mit festem Auge nach dem Westen blickt
Und auf der Wasser unbekanntem Wege
Voraus den Geist als kühnsten Segler schickt.

Vorüber ist die Mitternacht
Und alle Stimmen schweigen,
Es zieht der Fluten dunkle Macht
Um's Schiff den nassen Reigen.
Nur selten taucht es leuchtend auf
In bleichem Silberglanze
Und wandert mit der Schiffe Lauf
Und mit der Wellen Tanze.
Dann senkt das Auge sich hinab
Zum stillen Meeresleben
Und schaut in seinem dunklen Grab
Die tausend Wunder schweben.
Da wirbelt auf ein lichter Faden
Und windet sich von Well' zu Welle

Und senket sich mit Blitzesschnelle.
Und langsam steigen Myriaden
Von gold'nen Funken aus der Flut,
Dazwischen große Kugeln schimmern
In sanfter, sternenbleicher Glut.
Und durch das Leuchten, durch das Flimmern
Rauscht es von ferne wunderbar,
Wie eine Maid mit feuchtem Haar
Will es sich aus den Wogen heben
Und schwankend bleibt es lange schweben —
Ein Bild aus eines Märchens Traum —
Und schwindet in dem weißen Schaum.

„Sei mir gegrüßt, Du freundlich' stille Welt,
Die uns geheimnißvoll verborgen hält
Das tiefe Meer; die Menschen nennen's Grab.
Doch stieg' ein Mensch in diese Welt hinab,
Wär' ihm vergönnt, sie schauend zu durchschweben,
Er fände tausend Wunder jenen gleich,
Die zu des Aethers sternbesätem Reich
Des Menschengeistes dunkle Sehnsucht heben.
Ich grüß' euch all', ihr Wunderwesen,
Die ihr mir das Geleite gabt,

Als wär't ihr vom Geschick erlesen,
Daß ihr die müden Augen labt
Und Hoffnung in die Seele senkt;
Ich kann mit euren lichten Zeichen
Das heißersehnte Land erreichen,
Wohin der Wind die Segel lenkt." —
Ewig heilig ist das Licht! —
Zwischen dunklen Wolken nieder
Strahlt es auf der Erde Grün
Und die tausend Blumen blüh'n
Und des Frühlings munt're Lieder
Kehren mit den Sängern wieder.
Schöpfend durch der Welten Räume
Bringt es Leben, bringt es Glück;
Spielt es an der Wolken Säume,
Weicht die Wolke selbst zurück.
Strömt es in des Meeres Gründe,
Funkelt's wieder aus den Tiefen,
Daß es seine Wunder künde
Und die Farben all' entzünde,
Die in seinen Fluten schliefen.
Ward durch Feuer nicht die Wahrheit
Unserm Geiste kundgegeben?

Half sein nächtlich stilles Weben
Unserm Wissen nicht zur Klarheit? —
Das ist die alles bezwingende Kraft,
Die aus Verwesung noch Leben erschafft,
Die durch der Welten unendliche Schwärme
Gießet und strömet den Glanz und die Wärme,
Das ist die alles entfaltende Macht,
Die auf der Zeiten hinrauschenden Wellen
Läßt den Gedanken den göttlichen schwellen;
Die aus dem Dunkel der drückenden Nacht
Hebt der Gefilde ergrünende Pracht,
Die sich in Blüten und Blumen verkündet
Und durch das Auge die Herzen entzündet;
Die in des Kerkers veröbete Räume,
Spendend der Hoffnung belebende Träume,
Strahlt auf das ärmste, verlassene Haupt;
Das ist das Feuer, vom Himmel geraubt,
Das mit Gewalt in die Finsterniß bricht:
Das ist das ewige, göttliche Licht!

Das Land.

Rodrigo Sanchez tritt zum Admiral:
„Vergönn', o Herr, daß ich dein Denken störe
Und Dich um einen letzten Hoffnungsstrahl,
Ein Zeichen deiner Menschlichkeit beschwöre!
Es drängt die Stunde; — wie ein böser Geist,
Gewöhnt sein Opfer langsam hinzuquälen,
Naht die Verzweiflung uns und zieht und kreist
Verderbendrohend um die matten Seelen.
O banne dies unheimliche Gespenst!
Kein Ende giebt es in dem Reich der Wogen
Und frevelnd nur sind wir hinausgezogen!
Was Du dein Denken, was dein Wissen nennst,
Hat wie ein Traum dein eig'nes Herz belogen;
Willst Du dein Volk in's Grenzenlose führen?
Nach einer Fahrt von siebenhundert Meilen,
Wer könnte, dürfte noch dein Hoffen theilen?

O! laß dein streng Gemüth zur Umkehr rühren!"
Der stolze Mann, er bat und er beschwor
Den Admiral um einen Hoffnungsfunken
Und hielt' ihn nicht Columbus sanft empor,
Er wäre flehend auf das Knie gesunken.
Da tönt es murrend aus dem Schiffervolke
Und finst're Männer nahen sich den Beiden;
Aus ihrem Auge spricht das inn're Leiden,
Auf ihrer Stirne steht des Unmuths Wolke.
Ein düst'res Bild, vom blassen Mond beschienen!
Durch einen ungeheuren Wasserraum
Getrennt von ihrer Heimat grünem Saum,
Den sie verlassen, um dem Glück zu dienen,
Geblendet nur von einem gold'nen Traum,
So treiben sie mit hoffnungslosen Mienen
Auf weitem Meer; kein Ende lächelt ihnen.
Es darf ihr Geist nicht auf Erfüllung bau'n,
Es floh aus ihren Herzen das Vertrau'n.
Wo ist der Gott, der ihnen jetzt den Strahl
Des Lichtes giebt und über ihre Qual
Sie läßt in's helle Reich der Zukunft schau'n?
Der Genius gab ihnen diesen Strahl!
Mit Blicken, d'raus des Geistes Sonne flammt,

Mit hoheitvollem Ernst und stolzem Schritte,
Ein Wesen einer höhern Art entstammt,
Tritt Colon in des Schiffervolkes Mitte.
Und stille wird's, der letzte Laut verhallt,
In starre Gruppen theilt sich das Gedränge
Und mächtig durch die aufgeregte Menge
Tönt seiner Stimme herrschende Gewalt:
„Es fällt der Pfeil vor seinem Ziel zur Erde,
Wenn allzuschwach der Bogen ward gespannt;
Ich hab' die Kraft und hab' das Ziel erkannt
Und glaube, daß mein Werk vollendet werde.
Ich bin kein Blatt, das jedem Lüftchen weicht,
Dem Sturme stell' ich trotzend mich entgegen.
Und wär' des Weges Hälfte nur erreicht,
Zur Heimkehr könntet ihr mich nicht bewegen!
Mein Wissen ist kein eitles Traumgespinst,
Das eines Knaben Hirne nur entsprungen;
Es ist des Forschens redlicher Gewinst,
Den ich durch dreißig Jahre mir errungen.
Doch wollt ihr hindern, daß ich es erreiche?
Mann gegen Mann, so steh' ich wartend hier:
Wer heimwärts will, tret' in den Kampf mit mir!
Es kehrt das Schiff sich nur mit meiner Leiche.

So tödtet mich, hebt eure Arme nur!
Greift ein in die Gesetze der Natur!
Denn anders könnt ihr euern Herrn nicht meistern!
Ihr senkt den Blick und Keiner tritt heran?
So sag' ich euch: 's ist besser so gethan!
Gefolgt von des Verbrechens finst'ren Geistern,
Ihr fändet nimmermehr die sich're Bahn,
Ihr zög't auf dunklen unheilvollen Wegen
Der Heimat nicht, — dem Untergang entgegen!
Dies eurer schwachen Meinung über mich,
Die mein Bestreben einem Traum verglich!
Doch eurer Sorge, die ich gern erkenne,
Die ängstlich sich an das Verlass'ne hängt,
Den Gang des Denkens stört, den Blick beengt,
Die ich von eurem finst'ren Wollen trenne,
Sei dieses Wort zum Troste nun gegeben:
Erhebt das Herz zu neuem, frischem Leben!
Wir sind so weit durch dieses Meer gezogen,
Daß mit den Zeichen, die am Himmelsbogen
Und in dem Reich der Fluten ich gewahrt,
Die Zahlen stimmen, die ich fest erwogen
Und beide Mächte, innig nun gepaart,
Verkünden mir das Ende dieser Fahrt.

Dort aus der Flut, vom nächtig dunklen Flor
Dem suchenden, dem matten Aug' verhüllt,
Hebt sich's vor meines Geistes Blick empor
Das Land, von wundervollem Glanz erfüllt.
Ich seh' im Wolkenkleid die Bergeshöh'n,
Auf die des Morgens Strahlen sich ergießen
Und schau' die Wälder, paradiesisch schön,
Von Blüten schwer sich an die Berge schließen.
Krystall'ne Quellen zittern durch das Grün,
Die funkelnd sich zum blauen Strom vereinen,
Der Nebel flieht, es duftet aus den Hainen
Von Blumen, die in selt'ner Größe blüh'n,
Von Früchten, die aus dunklem Laube scheinen,
In Gold und Purpur durch die Zweige glüh'n.
Mit farbenreich erglänzendem Gefieder
Zieht durch die Luft der Vögel munt'res Heer
Und spiegelt sich in Quell und Strom und Meer
Und sendet seine luftdurchdrung'nen Lieder
Dem Wand'rer zu der schönen Erde nieder.
Und herrlich steht in seiner alten Pracht
Der Feuerball der gold'nen Sonne d'rüber.
Schon faßt mich der Erscheinung ganze Macht,
Schon zieht's mit allen Sinnen mich hinüber,

Ich hör' den Donner der Geschütze schwellen,
Die brausend hin durch die erschreckten Wellen
Den Gruß der Freude jenen Fluren senden.
Bald, bald muß sich das stolze Werk vollenden!
Nehmt dies mein Wort, nehmt diese meine Hand,
Nehmt als des Wortes sich'res Unterpfand
In Fesseln diesen meinen Körper hin:
Noch eh' der Morgen glüht, erscheint das Land!" —
Und es erschien! —

Alle Wellen, alle Winde schwiegen;
An des Ostens Rande silberrein
War der Sonnenbote aufgestiegen,
Spiegelnd sich in klarem Wiederschein.
Aber nicht die Sterne, nicht die Wellen
Gaben Kunde von dem großen Tag,
Dessen Licht mit ew'gem Flammenschlag
Macht das Herz von Millionen schwellen.
Ueber dieser todten Körperwelt,
Die der Zauber der Nothwendigkeit
Mit dem Fesselband von Raum und Zeit
Ewig streng in ihren Grenzen hält,
Höher als der Welten gold'ne Saat,

Als das ganze Meer von lichten Sonnen,
Steht des Menschen große kühne That,
Frei, wie der Gedanke sie gesponnen!

Ein Jubelschrei, der sich der Brust entrang,
Flog hundertfach zum Sternenhimmel auf,
Als mächtig sich aus des Geschützes Lauf
Der erste Donner in die Lüfte schwang.
Ein tiefes, ernstes Schweigen folgte d'rauf.
Doch bald erhebt sich's wieder, brausend, stürmend,
Aus tiefer Brust in ungestümem Drängen,
Gefühle haftig auf Gefühle thürmend,
Als wollt' es jedes Herz gewaltsam sprengen.

In zauberhaften Formen lag es da,
Vom bleichen Licht der Sterne matt erhellt,
Das Wunderbild der alten Sagenwelt,
Das schöne Märchenkind Hesperia!
Und Land! erscholl's, und Land! und wieder Land!
Gebete, Freudenrufe, Jubellieder,
Sie tönten hin nach dem entdeckten Strand
Und durch den Wirbel hallt' es rollend wieder
Gleich Donnerschlägen: Land, und Land und Land!

Das Häuflein Menschen, das mit düst'ren Sorgen,
Ein Raub der Furcht, in trübe Zukunft sah,
Es war an seines Glückes erstem Morgen
Des Wahnsinns Nacht, dem Tod der Freude nah.
Nur stärk're Seelen mochten es empfinden,
Daß sie geholfen eine That zu thun,
Auf der, wenn auch Jahrtausende verschwinden,
Begeistert noch der Menschen Blicke ruh'n;
Die fort und fort in ernster Majestät
Ein unerreichtes Wunderwerk besteht.
Und wie im Ungestüm des Herzens oft
Die Menschen unter heißen Thränengüssen
Das heilige Symbol der Gottheit küssen,
Weil ihnen ward, was lange sie gehofft,
So pressen knieend sie des Führers Hand
Und fassen weinend seines Kleides Saum;
Doch giebt die Zunge keinem Worte Raum,
Als nur dem Einen: Land und Land und Land!

Columbus steht gebannt in ihrem Kreise;
Er achtet nicht des Jubels toller Weise,
Er läßt gescheh'n, was rings um ihn geschieht
Und nur sein Auge, das zum Himmel sieht

Und dann sich zum errung'nen Lande wendet,
Den Feuerblick nach seinem Ufer sendet
Und seine Brust, die sich gewaltig hebt,
Sie sind's allein, die den Orkan verkünden,
Der seiner Seele tiefsten Grund durchbebt
Und dessen Blitze seinen Geist durchzünden.

Ein tiefes Athmen und der Busen schwillt,
Das Auge senkt sich und die Thräne quillt;
Zurückgekehrt aus unbekannten Fernen
Fühlt er sein Herz von Erdenglück umflossen;
Er schaut um sich die jubelnden Genossen, —
Hebt seine Hand, und deutet nach den Sternen!

San Salvador.

„Von der Santa Maria die Segel herein!
         es entschwinden die Nebel der Nacht —
Und die Sonne, sie malet mit flammendem Strahl
         des Gestades ergrünende Pracht.

„Sei gegrüßt mir, Atlantis, Du Tochter des Meer's,
         die im Geiste schon Plato geschaut,
O, Du Göttlicher, steig von den Todten herauf
         und umarme die herrliche Braut!

„Es durchwallet mein Blut und es pochet mein Herz,
         das gewöhnt an den lieblichen Traum;
Ach! nur Schattengestalten umschwebten es sonst
         und Verwirklichung fasset es kaum.

„Von balsamischen Düften, den Blüten enthaucht,
        sind die Lüfte, die sanften, erfüllt
Und das Auge bedünkt 's, als ob hinter dem Wald
        Andalusien läge verhüllt.

„Wie die Thräne dem starren Matrosen entquillt!
        o verwische die perlende nicht!
Wem am heutigen Tage nicht siedet das Blut,
        ist ein schlechter, erbärmlicher Wicht.

„In den Höhen die Gottheit, die waltende, preist!
        denn sie lenket die menschliche Hand
Und es leiht dem Bewußtsein der siegenden Kraft
        nur die Demuth ein köstlich Gewand!

„In die Lüfte das Banner, das göttliche Kreuz,
        daß es leucht' aus dem blendenden Grün!
Und die ewige Blume, dem Osten entstammt,
        soll verjüngt nun im Westen erblüh'n.

„Auch der Königin denket! ihr sorgend Gemüth
        hat gewacht ob dem fährlichen Lauf;
Isabella, dein Wirken, es strahlet in Ruhm
        zu den Sternen der Menschheit hinauf!

„Nun umgürtet das Schwert, wohl geziemt es der Macht,
            sich zu waffnen für männlichen Streit;
Der Gedanke doch segne mit Milde den Arm
            und der Friede sei unser Geleit!" —

Und er schweigt. Nach dem Lande hin gleitet das Boot;
            schon berührt es das Ufer und hält; —
Es umrauscht ihn der Purpur, das Banner rollt auf
            und er küßt die gefundene Welt.

Die Götter und die Menschen.

Schillernde Libellen schwärmen
    Auf dem silberklaren Bach,
D'rüber hohe Königspalmen
    Wölben sich zum grünen Dach.

Aus den Büschen, aus den Sträuchen
    Dringt der Blüten reicher Duft
Und die bunten Falter schimmern
    Zitternd in der blauen Luft.

Durch des Waldes Dunkel senden
    Tausend Vögel ihren Sang,
Mischend ihre schrillsten Töne
    Mit dem weichsten Liebesklang.

**

Hier ist alles Lenz und Jugend
  Und Natur, noch unerschlafft,
Waltet in des Friedens Zauber
  Mit des Lebens vollster Kraft.

Zwischen roth und weißen Blumen
  Zieht ein Pfad am Waldessaum
Hin zu des Kaziken Hütte,
  Nach dem freien Wiesenraum.

Dort auf einem sanften Hügel
  Steht der dürftige Palast,
Rings umschirmt von Riesenbäumen,
  Offen dem willkomm'nen Gast.

Vor dem Eingang brennt das Feuer;
  Lustig steigt sein blauer Rauch,
Daß die Blätter der Bananen
  Zittern vor dem heißen Hauch.

Bunt bemalt mit hellen Farben,
  Ihrem besten Flitterstaat,
Sammeln hier sich ernste Männer,
  Bildend ihres Volkes Rath.

Auf dem Haupt die Federkrone,
  Die sein volles Haar bedeckt,
Liegt der Indianerkönig
  In den Schatten hingestreckt.

Und es singen braune Mädchen
  Ihm des Volkes Heldensang,
Schwingen breite Palmenblätter,
  Tanzend nach des Liedes Klang.

Singen von vergang'nen Tagen,
  Von der Väter hohem Ruhm,
Von dem großen Geist, der ihnen
  Gab dies Land zum Eigenthum.

Wohlgefällig lauscht der König,
  Auf den Arm das Haupt gesenkt
Und die Schwingen der Gedanken
  Nach der Vorzeit hingelenkt.

Plötzlich ist es still geworden;
  Aus des Waldes Schatten springt
Athemlos hervor ein Bote,
  Der zum Königslager dringt.

Vor dem Herrscher fällt er nieder,
　　Drückt den Kuß auf seine Hand:
„Vater, Vater! große Kunde
　　Bring' ich Dir vom Meeresstrand.

„Drei gewalt'ge Vögel schwammen
　　Auf der blauen Flut einher;
Vor den weitgespannten Flügeln
　　Schäumte brausend rings das Meer.

„Und sie trugen lichte Männer,
　　Nicht den Erdenkindern gleich;
Boten scheinen sie aus Turey,
　　Aus des Himmels ew'gem Reich.

„Singend stiegen sie an's Ufer,
　　Schlossen einen weiten Kranz;
Herrlich funkeln ihre Leiber,
　　Wie der Sterne voller Glanz.

„Und sie spenden milde Gaben,
　　Alle wurden wir bedacht:
Selt'ne Perlen, Zauberkugeln,
　　Wie ich diese Dir gebracht.

„Glaube mir, ein großes Wunder
    Hat der Himmel uns geschickt;
Sandte seine höchsten Götter,
    Die noch nie ein Mensch erblickt."

Des Kaziken Auge leuchtet;
    Von der Wundermär' belebt,
Springt er auf, daß seine Krone
    Rauschend in den Lüften bebt.

Hastig spricht er: „Sah'st Du Keinen,
    Dem die Andern sich geneigt?
Den sie als den Herrn erkennen,
    Der als König sich erzeigt?"

„„Einen sah ich wohl vor Allen,
    In ein feurig' Kleid gehüllt;
Unter ihnen, gleich der Sonne,
    Stand er herrlich, lichterfüllt."“

„Diesem bring' die schönsten Früchte,
    Wirf vor ihm Dich in den Staub!
Bring' ihm Brod auch der Cassava
    Auf dem reinsten Palmenlaub.

„Deut' ihm bittend, daß er folge
  Dir zu meinem Königshaus;
Und ihm würdig zu begegnen,
  Ziehen alle wir hinaus."

Und der Bote fliegt von hinnen.
  Der Kazike wendet sich
Zu den Weisen seines Volkes,
  Spricht dann ernst und feierlich:

„Eine dunkle Sage meldet:
  Unser Stamm wird untergeh'n,
Wenn am Ufer dieser Insel
  Einstens fremde Wesen steh'n.

„Mag der große Geist verhüten,
  Daß die Stunde kam herbei
Und die Ankunft dieser Männer
  Jenes Wort's Erfüllung sei;

„Daß mit dieses Tages Sonne,
  Die zum Untergange zieht,
Unf'rer Heimat holder Friede,
  Unser Glück von hinnen flieht.

„Doch schon seh' ich dort erscheinen
  Einen Mann im Strahl des Lichts;
Unter schimmerndem Geleite
  Naht er milden Angesichts.

„Ihn erschauend, hat die Seele
  Schon zur Freude sich gewandt,
Denn von Allen scheint der Eine
  Uns zum Heile nur gesandt."

Und er nimmt vom Haupt die Krone,
  Eilt hinab den Wiesenpfad,
Sinkt auf's Knie und wartet ängstlich,
  Bis die Himmlischen genaht.

Seinem glänzenden Gefolge
  Wandelt jetzt Columbus vor,
Beugt sich nieder zu dem König,
  Hebt ihn lächelnd sanft empor.

Und das Band, das er gezogen
  Nach dem neu entdeckten Land,
Schlingt sich um des Landes Menschen
  Mit dem Gruße seiner Hand.

Herrlich weht Castiliens Banner
Von des Indianers Zelt;
Doch der Friede war entschwunden
Aus der schönen, stillen Welt.

Der Tropenwald.

Wer kennt den Wald, der ewig jung ersteht?
An dem Jahrtausende wie Zweige splittern?
Im Sturme läßt er seine Kronen zittern,
Sein Inn'res ruht in stiller Majestät.
Urbild der Freiheit, die in mächt'gem Ringen
Aus allen Wurzeln ihre Formen schafft!
Wo Blätter, Zweige, Bäume sich verschlingen,
Aus dichtem Laub die hellen Lieder klingen,
Enthüllt sich ihres Daseins Wunderkraft.
Am Rande steht der Mensch, das Räthsel schauend;
Sein Geist, Gedanken auf Gedanken bauend,
Will es erfassen und vermag es nicht:
Verglimmt doch bald sein mattes Erdenlicht!
Wenn Blatt und Blüte welk zu Boden fallen,
Hier zieht kein Herbst, kein todter Winter ein;
Ein sanfter Frühling weilt in diesen Hallen,
Nur mit der Welt erlischt sein holder Schein.

Wo sind die Tempel, die der Mensch erhoben,
Die lang den Riesenkampf der Zeit gekämpft?
Die heil'ge Glut der Opfer ist gedämpft
Und ihrer Priester stolze Schar zerstoben.
Zeigt manche Wölbung noch vom alten Ruhme,
Die Pforte führt zu keinem Heiligthume. —
Hier ist es anders. Wie beim ersten Werden
Glüht noch die Sonne durch das Blätterdach
Und aus dem üppig warmen Schoß der Erden
Zieht noch der Dampf den Silberwolken nach.
Noch jagt das Wild auf unerforschten Pfaden,
Noch zischt die Schlange hin durch Moos und Kluft,
Der Flügelthiere bunte Myriaden,
Sie schweben Stäubchen gleich in Sonnenluft.

Wenn schnell herein die Nacht aus Osten wallt,
Ein dumpf' Geheul mischt sich zu Wirbelklängen,
Als wollte sich's zurück zum Tage drängen,
Bis Lied um Lied und Schrei um Schrei verhallt.
Die Freiheit liebt ein ungeheures Walten,
Will groß im Schönen, wie im Schrecken sein;
Sie läßt den Blitz des Meeres Wogen spalten,
Und senkt den Frieden in die Wälder ein.

Du willst, o Mensch, mit deiner Seelenpein
Den Ort der Ruhe finden? tritt hinein
In's tiefe Dunkel dieser Wunderwelt,
Schau' auf zum mondbeglänzten Blütenzelt!
Ein Blick hindurch wird mehr die Sorge mildern,
Als tausend Worte, die das Mitleid schenkt.
Du fühlst zum Grund des Werdens dich versenkt:
Was künftig ist, strahlt dir in klaren Bildern.
Siehst du die Perlen auf der welken Pflanze?
Sie durfte schlingend an die Wipfel steigen,
Nun stirbt sie in des Thaues Silberglanze,
Muß sterbend die entfärbten Blüten neigen.
Schon keimt in ihrem Staub ein neues Wesen,
Schon schwirrt der Falter um das frische Blatt,
Schon hat der Käfer, von der Sonne matt,
Den jungen Kelch zur Wohnung sich erlesen.
Fühlst du die Wahrheit durch die Seele ziehen?
In Klang und Farbe wallt das Leben fort —
Ein unbegrenzter Strom von Harmonieen —
Was mit ihm kommt, muß auch mit ihm entfliehen;
Das ist der Gottheit ewig gleiches Wort.
Wer fürchtet noch den Tod? ein sanftes Trennen,
Ein leichtes Binden ist sein wechselnd' Spiel;

4*

Nur der schaut furchtsam auf sein letztes Ziel,
Der sich als Herrn der Schöpfung möcht' erkennen.
Wirf ab den Purpur und des Goldes Bürde,
Ein tief' Gefühl sei deine einz'ge Würde!
Und wenn des Glückes schönster Traum entschwindet,
Du trägst in dir ein junges Frühlingsreich,
Das in sich selbst, dem dunklen Walde gleich,
Die freie Kraft zu neuem Werden findet.
So ahnst du das Geheimniß uns'res Lebens,
Den Anfang und das Endziel alles Strebens,
Von dem die Barden aller Völker sangen,
Wonach im Blute große Männer rangen:
Die Freiheit ist des Menschen Paradies,
Daraus der Engel den Gefall'nen wies!
Ihr Hauch ist Seligkeit und in ihr sterben
Ist süßer, als die schönsten Kronen erben.

Bartolomeo.

I.

Wenn uns ein lieber Mensch von hinnen zog,
Nicht darf die Seele sich zu trauern schämen.
Und wär's ein Wahn, der lieblich uns betrog,
'S ist besser, ihn zu nähren, als zu zähmen.
Wer hat nicht von den Menschen sagen hören,
Die Treue wohne bei den Todten nur,
Ein Frühlingsröslein sei der Freunde Schwur,
Des Lebens Sommerhauch müss' es zerstören.
Ich dank' euch nicht, wenn ihr die edle Frucht
Gleichgiltig in die trüben Fluten werfet,
Auf Ideale, die der Bess're sucht,
Den giftgetränkten Dolch des Wortes schärfet.
Die Liebe, glaub' ich, ist ein fester Stern,
Der durch das Dunkel uns'res Lebens leuchtet
Und ist ein Silberquell, an dem sich gern
Die Zung' im heißen Wüstenbrande feuchtet.

Es kehrt die Sonne jeden Morgen wieder,
Weil sie der Erde grüne Fluren liebt;
Hell glänzt des Adlers rauschendes Gefieder,
Der ihr den Freundesgruß entgegen giebt.
So ist es auch dem Menschenherzen eigen;
Wohl ihm, wenn es die lichte Sonne fand!
Bald fesselt sie ein unauflöslich' Band,
Es glüht die Brust, und die Gedanken steigen.

Wenn in des Nordens starren Eisesfluren
Die Mitternacht ein rother Schein erhellt,
Ein Schauspiel, das die irdischen Naturen
Mit Ahnung unbekannter Welten schwellt;
Wenn unterm Palmendach im heißen Süden
Die Sorge wie ein blasser Schatten schwindet
Und wundersam ein seliges Ermüden
Die Augen an der Erde Schönheit bindet;
Wenn in den Zonen, wo an blauen See'n
Der Alpen weiße Riesenhäupter steh'n,
Du dem Erwachen eines Frühlings lauschest,
Mit seinen Liedern deine Träume tauschest:
Dein Glück ist halb, darf nicht ein süß Gedenken
An Wesen, die dem eigenen verwandt,
Sich in den Reichthum der Gefühle senken

Und funkeln als der hellste Diamant.
O Kleinod du im Märchen unsers Lebens,
Das glaubensvoll der Held am Busen trägt!
Der Pfeil entfliegt nach seiner Brust vergebens,
Schnell heilt die Wunde, die der Feind ihm schlägt.
Und hat der Tod den Körper uns entrungen,
Im Geiste lebt das theure, schöne Bild;
In unserm Herzen tönt die Stimme mild,
Wenn auch ihr Laut für And're längst verklungen.

Und Morgen ward's; die lichten Nebel flogen,
Auf Land und Meer begann das holde Spiel.
Wie aus den Wäldern sanft die Düfte zogen!
Wie tausendfarbig in das Reich der Wogen
Und in den Thau das Bild der Sonne fiel!
Die Blumen zittern und die Blätter rauschen,
Als wollten sie geheime Grüße tauschen.
Es dröhnt der Fels, als fühlt' er, mit Gewalt
In seinem Bau den bösen Zauber brechen,
Als dürft' er nun, in einstiger Gestalt
Zu Thal und Hügel von Erlösung sprechen.
Doch flieht, ihr Kindermärchen, denn es weht
Mich allgewaltig an mit Lebensfluten

Und jener Mann, der auf dem Felsen steht,
Er trägt ein Herz und fühlet seine Gluten.
Des Helden Bruder, und sein zweites Ich,
So lang der Jugend Streben sie verband,
Hielt auch Bartolomeo festen Stand,
Als jedes Glück von dem Bedrängten wich.
Wenn Colon's Träume, sein fantastisch Ahnen
Mit Blumen nur die Zukunft sich begränzten,
Da wußt' er klug den rechten Weg zu bahnen;
Zwei Wesen, die einander nur ergänzten.
Bartolomeo zog nach Albion hin,
Weil er des Bruders großes Hoffen theilte,
Doch widrige Geschicke hielten ihn.
So kam's, daß spät die Botschaft ihn ereilte,
Wie des Columbus großes Werk gelungen,
Wie er den Menschen eine Welt entschleiert
Und solchen strahlenden Triumpf gefeiert,
Daß Könige nach seiner Gunst gerungen.
Nun wandert er mit ungestümer Hast,
An Spaniens Hof den Bruder zu umfangen;
Doch Colon war nach kurzer Siegesrast
Zum zweiten Mal in hohe See gegangen.
Castiliens Edle führten als Genossen

In ihren Kreis den Fremdling ehrend ein;
Der Glanz, des Bruders hohem Werk entflossen,
Warf auch auf ihn des Ruhmes Wiederschein.
Nun schifft' er sich nach San Domingo ein;
Des Wiederfindens Hoffnung in der Seele,
Blickt er hinaus vom Bord der Caravele.
Es schien das Schicksal wider ihn verschworen:
Als er voll Sehnsucht auf das Eiland kam,
Wie mocht' es schneidend seine Brust durchbohren,
Das Wort, das er als ersten Gruß vernahm:
„Columbus segelte mit guten Winden,
Um gegen West das große Reich zu finden."
Da ward zum Schatten seiner Hoffnung Glück
Und bitt're Zweifel blieben ihm zurück. —
Viel bange Monde sind hinabgegangen,
Seit täglich er den Schritt an's Ufer lenkt,
Seit Täuschung ihm ein jeder Abend schenkt
Und böse Träume seinen Schlaf umfangen.
Nach Einem Bilde nur trieb seine Regung:
Er sieht den Bruder von Gefahr umnachtet
Und sieht des Meeres drohende Bewegung,
Die Schiff und Mann in's Grab zu schlingen trachtet.
Dann fährt er auf und quälende Gedanken

Umdrängen ihn, wenn auch vom Wahn befreit;
Durch seinen Busen fühlt er's bebend schwanken,
Wie Ahnungsbilder einer trüben Zeit. —
Bartolomeo! siehst du jenen Flimmer?
Fast dünkt es dich, es könnt' ein Fahrzeug sein;
Ein Punkt war's eben, nun ein breiter Schimmer,
Jetzt hüllt der Nebel die Erscheinung ein.
Doch plötzlich wieder, darf dein Herz es wähnen?
Aus deinem Auge stürzen Freudethränen!
Des Bruders Segel flattern dir entgegen!
O, was ist Angst und Leid und böser Traum?
Rauscht Eine Quelle nur auf heißen Wegen,
Blüht Eine Blume nur im öden Raum
Und auch die Wüste wandelt sich zum Segen.

II.

Ich traue nicht dem dunkelblauen Himmel,
Gern mag darin Gewitterschwüle lauern
Und nächtlich ein zu volles Sterngewimmel
Läßt den ersehnten Tag in Wolken trauern.
Giftbeeren sind am hellsten oft geröthet,
Auch Blumenduft hat manchen schon getödtet.
Des Menschen höchste Kraft, des Geistes Streben,
Erfüllt die Brust mit allzu grellem Licht;
Bald fühlt er's schleichend nach dem Herzen beben,
Die Stimm' ermattet und das Auge bricht.
Im tiefsten Mark erschüttert liegt der Held,
Sein Antlitz bleich, die Züge welk und hager,
Ein Bild des Todes, auf dem Krankenlager,
Verwüstet der Gedanken grünes Feld.
Wohl grüßen ihn des Eiland's sonn'ge Hügel,
Das Banner wallt, Geschütze donnern Sieg;
Es liegt der Adler mit gelähmtem Flügel,
Weil freiheitglühend er zur Sonne stieg. —

Und träge war die Zeit dahingezogen
Dem Bruder, der an Colon's Seite wacht;
Wie schwüle Luft auf den gedämpften Wogen
Lag in des Helden Seele Todesnacht.
Die Sorge, stets im Leid geschäftig, malte
Bartolomeo ihre Schrecken vor;
Wie auch herein der Sonne Schimmer strahlte,
Das Herz blieb öde, das den Trost verlor.
Da war's einmal — der Mond stieg aus den Wellen,
So herrlich, wie er oft dem Sturm gebeut,
Sein Silber auf die dunklen Wolken streut
Und in den Herzen läßt die Hoffnung schwellen;
Und blasse Sterne stiegen langsam nach
Und glänzten zitternd auf die Erde nieder;
Da war's, als schwebt' ein Genius in's Gemach
Und küßte die geschloss'nen Augenlider
Und küßte dann des Kranken bleichen Mund.
Ein schwerer Athem drang aus Herzensgrund,
Sein Angesicht umspielt ein sanftes Lächeln,
Es webt um ihn ein längst entfärbtes Bild:
Er fühlt im Traume, paradiesisch mild,
An seine Stirn' der Heimat Lüfte fächeln.
Und Morgen ist's und ein unendlich Sehnen

Zieht noch den Jüngling hin zum weiten Meer;
Es gaukeln rings auf froh bewegten Kähnen
Viel wohl bekannte Formen um ihn her.
Der Traumesengel küßt ihn noch einmal
Und Palmen wölben sich zum grünen Dome;
Es klingt das Lied am dunkelblauen Strome
Und liebeathmend schweigt das ganze Thal.
An seinem Arme hängt ein holdes Wesen,
Ihr großes Auge blickt ihn zärtlich an;
Sein ganzes Glück vermag er d'rin zu lesen
Und heiß durchwallet ihn der süße Wahn.
Da küßt der Engel ihn zum dritten Mal:
Hoch dehnt sich über ihm der Königssaal;
Juwelen funkeln von dem gold'nen Thron
Und prunkend steh'n die Ritter ohne Zahl.
Sie nennen ihn Europa's größten Sohn.
Er schaut umher, es wanken ihm die Glieder:
„Bartolomeo! Bruder! wär'st du hier!
Ich trag' es nicht allein; es schwindelt mir."
Beschämt, entzückt, sinkt er zur Erde nieder. —
Da löst sich langsam seiner Augen Band
Und selig faßt er seines Bruders Hand.

Genius und Schicksal.

Die Gotteskraft, die tief im Menschen wohnt,
Was Ihr Gefühl, und Geist und Seele nennt,
'S ist Eines nur, an einem großen Menschen
Wird es im Großen auch sich offenbaren.
Wenn langsam alle Schwingungen des Lebens
Zur Harmonie sich herzerfüllend einen,
Als mächtigster Accord entsteht die That.
Die Kleinen staunen und begreifen's kaum,
Sie zieh'n den Geist von seinem Thron herab,
Zersplittern seine Wirkungen und schließen,
Was sie erfassen, in ihr eig'nes Denken.
Fällt doch auf jeden nur der kleinste Theil
Der Strahlen, die mit gold'ner Flammenpracht
Der Sonnenkörper durch die Welten strömt.
Nun ist die That gethan, das Ziel errungen;

Was weiter folgt in einem großen Leben,
Erforsch' es nicht, es klingt gewöhnlich trübe.
Der Genius entzündet nur die Fackel;
Doch zu ergründen, wie sie weiter leuchtet
Und ihrem Schein durch Zeit und Raum zu folgen,
Das ist der Andern Pflicht, gehört nicht ihm.
Zu schwach sind uns're sterblichen Organe,
Um lange dauernd Hohes zu ertragen.
Vom Himmel raubt der Mensch des Lichtes Strahl;
Die Opfer, die er seinem Drange bringt,
Sie wirken rächend in sein fern'res Leben
Und drücken schwer auf sein erkaltend Herz.

Es ist vollbracht! und wahrlich besser wär's,
Sich häuptlings vom erreichten Fels zu stürzen,
Als müh'voll einen Rückweg sich zu suchen,
Den uns das waltende Geschick versagt.
Ich preise glücklich Macedoniens Helden,
Den, seines Siegergeistes Lauf durchkreuzend,
Ein guter Gott im schönsten Traum vernichtet
Und preise glücklich jenen kühnen Römer,
Den, weil sein Riesenwuchs die Welt bedroht,
Auf halb errung'nem Thron die Freunde morden.

Doch willst ein Bild du seh'n, wie Menschen lohnen
Die That, die sie Jahrtausenden entrückt,
Zu neuem Glanz und neuem Leben führend:
Lass' wenig Jahre dir vorüberwallen,
Gleich Wogen, die jetzt klar und jetzt getrübt,
Dich uns'res Lebens dunklen Wechsel lehren.
Eröffne deine Thore, San Domingo!
Zeig' mir den Greis und seine Silberlocken,
Die mögen uns von seinem Leid erzählen.

Die Ketten.

„Villeja, sprich! wohin willst Du mich führen?"
„„Zum Schiffe, Herr! Es geht in's Heimatland!
Und wenn Domingo unserm Blick entschwand,
Mög't Ihr getrost die freien Glieder rühren;
Ich lös' Euch gern der Fesseln schneidend Band.""
„Zum Schiffe, sagst Du? doch es giebt ein Schiff,
Das auch zur Heimat trägt — auf wildem Pfade
Und uns im Sturme schleudert an das Riff,
Das sich erhebt am friedlichen Gestade.
Dort kann der Müde sich zur Ruhe betten;
Dort giebt es keine Mauern, keine Ketten,
Dort herrscht die Freiheit; — beim allmächt'gen Gott!
Du kennst das Schiff: Sein Name heißt Schaffot.
Nicht meinen Tod, nicht mich will ich beklagen,
Doch jene Menschen, die sich kühn erfrechen,
In's feste Rad des Schicksals einzubrechen
Und Raub zu üben an des Bruders Tagen."

**

„„Nein Herr! so weit kann nicht die Bosheit geh'n:
Denn hier hat sie mit Feigheit sich vereinigt;
Die läßt wohl zu, daß man Euch quält und peinigt,
Doch wird sie nie das Aeußerste besteh'n.
Nach Spanien, führ' ich Euch, bei meinem Eid,
So wahr als Theil ich nehm' an Eurem Leid!
Auch will ich Euch der Beff'ren Meinung sagen:
Hieher ward Bobadilla nur gesandt,
Um zu entwaffnen all' die schweren Klagen,
Die Neid und Mißgunst wider Euch gewandt.
Doch er mißbraucht in Eurer Feinde Sold
Die Macht der Majestät für klingend Gold.""
„So öffnest Du durch deine milden Worte
Von Neuem mir des Lebens helle Pforte!
Ich danke dir; — obwohl ich sorgend glaube:
Mein Werk, ich werd' es nimmer ganz vollbringen;
Der matte Leib wird mich zur Ruhe zwingen
Und der Ermüdung wird mein Geist zum Raube."

Das Schiff fährt aus. In reichem Flitterstaat
Sieht Bobadilla man am Ufer steh'n,
Deff' Augen blitzend nach den Segeln späh'n,
Wie im Bewußtsein einer kühnen That.

Nun wendet er sich zum Gefolge hin,
Das ehrerbietig sich zurückgezogen
Und deutet lächelnd nach des Meeres Wogen,
Als wollt er sprechen: Seht den Stolzen zieh'n!
Wer ist noch, der auf seine Worte hört?
Sein ganzes Werk hat meine Macht begraben,
Ich habe seinen großen Ruhm zerstört
Und will mich nun an seinem Sturze laben!

Wer kann der Sonne Strahlen hemmen
In ihrem Fluge durch die Welt?
Wer die Gewalt des Sturmes dämmen,
Der brausend in die Wogen fällt?

Noch keinem Arme ward die Macht gegeben,
Des Menschengeistes wilden Aar zu zähmen;
Und wagt Ihr's, — auf zur Sonne wird er schweben
Und seinen Sitz in ihrem Glanze nehmen.
In blindem Wüthen greift Ihr auf den Einen
Und denkt, zu bannen der Geschichte Lauf;
Doch ihr genügt sein mächtiges Erscheinen,
Schon blitzt sein Licht in allen Geistern auf
Und wird mit allen Herzen sich vereinen.

So gebt den Körper der Zerstörung Preis!
Es treibt der Same, den sein Geist gesä't,
In vollen Blüten durch der Jahre Kreis,
Bis eine junge Welt aus ihm entsteht.
Die große Wirkung folgt der großen Kraft.
Der Stoß geschah — und die Gestirne fliehen,
Aus ihrer langen Ruh' emporgerafft —
Und müssen fort im blauen Aether ziehen.
Und der Bewegung folgt, nach ew'gen Normen,
Des Lichtes Strahl mit schöpfender Gewalt,
Im Farbenkleide hebt sich die Gestalt
Und pflanzt sich fort in Millionen Formen.

Es glänzt das Moos im feuchten Grün,
Darin sich Zell' an Zelle drängt,
Bis es in unbelauschtem Blüh'n
Des Waldes dunkles Reich umfängt.
Es schwimmt mit ihrer breiten Krone
Die Wasserros' auf stiller Flut,
Darauf der lichte Falter ruht,
Ein König auf dem schwanken Throne.
Die Schwärme kleiner Flügelwesen,
Sie flimmern durch den Sonnenstaub;

Vom Morgenstrahl zum Sein erlesen,
Sind sie der Abendlüfte Raub.
Und Blüten sprießen zauberhaft
Und wechseln mit den Tageszeiten,
Wenn stolz auf hundertjähr'ge Kraft
Sich Riesenstämme langsam breiten.
In Waldes Nacht, im Windesflug,
Auf grüner Flur, in Felsengründen,
In Meeresflut, im Wolkenzug
Muß sich der Schöpfung Drang verkünden.
Dann schau' der Menschheit großes Leben,
Die Werke, die sich stolz erheben
Als Zeugen ihrer Geistesmacht.
Und hör' den Donnerschall der Schlacht,
Den Todesruf der wilden Horden,
Der stürmend durch die Länder weht,
Bis unter grauenhaftem Morden
Ein großes Volk zu Grabe geht,
Ein and'res über ihm ersteht.
Vom ernsten Buche der Geschichte
Heb' dann das Auge sinnend auf,
Daß es auf Einen Mann sich richte,
Auf seines innern Lebens Lauf.

Sieh', wie er denkt und ringt und kämpft,
Des Strebens Lohn sich zu gewinnen,
Wie jetzt entzündet, jetzt gedämpft,
Doch ohne Rast durch seine Sinnen
Der Leidenschaften Gluten rinnen.
Dann schau' das Wunder dieser Welt,
Der Formen höchstes Königsbild,
Das Weib, das schön und himmelsmild,
Den trunk'nen Blick gefangen hält!
Und wandelst du im Reich des Schönen,
Bald führt der Lüfte leises Weben
An dein Gemüth ein Meer von Tönen,
Die streitend auf zum Himmel streben
Und dann sich lösen und versöhnen.
Dann schwebt dein Ich aus ihrem Schaum
Empor zum klaren freien Raum;
Aus seiner Sterne lichten Flammen
Sinkt in dein Herz der schöne Traum:
Nicht aus der Erde kaltem Blut,
Es müsse diese tiefe Glut
Aus andern, fernen Welten stammen! —
Denn alles dies ist klein vor jenem All,
Das sich verkündet in der Sonnen Schwall,

Dem sich kein Wort, kein menschlich' Zeichen fügt,
Für dessen Schau'n das Auge nicht genügt,
Wohin es in des Himmels dunkle Bahnen,
Vom Geist gespornt, die scharfen Blicke hefte.
Nur unf're Brust durchströmt sein heilig' Ahnen
Und hier begegnen sich die großen Kräfte:
Die Menschenseele und die Weltnatur.
Die Offenbarung liegt im Herzen nur!
Hier spricht der Mensch mit Gott; nicht durch das Wort, —
Nur die Gefühle, die im Busen glüh'n,
Erfassen ihn mit Macht und reißen kühn
Sein ganzes Sein vom Erdenstaube fort.

„„Nun will ich Euch die kalten Fesseln lösen,
Wir sind allein, und weit auf hoher See;
Der frechen Hand entronnen jenes Bösen,
Der Eure Tage füllt mit schwerem Weh.
Es ist nicht gut gethan und wahrlich Schande,
Daß nun das Meer, dem Euer Geist gebot,
Euch schauen soll in solcher tiefer Noth,
Die Hand gelähmt durch starrer Eisen Bande.““
„Ich danke Dir, Villeja, Du bist gut!“
So spricht Columbus; „doch ich will sie tragen,

Bis erst mein Haupt auf Spaniens Boden ruht;
Du könntest deine Milde sonst beklagen!
Und werd' ich durch die Königin befreit,
Die Ketten wahr' ich meines Lebens Zeit
Und geb' sie nicht für alle Schätze hin.
Sie werden stets mich zum Gedanken lenken,
Daß ich ein Mensch und daß ich Diener bin,
Dem jeder Hauch sein Bestes kann entreißen
Und der sein greises Haupt soll bittend senken
Vor Menschen, welche — Bobadilla heißen."

Nachruf an Beatris.

„Leb' wohl, mein Kind, bis eine schön're Zeit,
Ein hell'rer Morgen unf'rer Liebe dämmert
Und eine Sonne, klar und ewig rein,
Auf unfern süßen Bund hernieberstrahlt!
Der Liebe Kranz, mit höhnendem Gelächter
Zerissen ihn die Menschen; unserm Glück
Frohlockte nur die heilige Natur.
Wenn säuselnd durch der Palmen stolze Kronen
Der milde Hauch des Sommerabends spielte
Und, unserm Sinn verwandt, ein himmlisch Sehnen
Aus jedem Lied der Nachtigallen scholl;
Wenn sanft der blaue Strom vorüberrauschte,
In breitem Bette seinen Spiegel bot,
Als möcht' er weilen bei den Liebenden;
Es war ein paradiesisch hohes Leben,

Ein wundervolles Sein! — Es war kein Traum,
Wie sie des Daseins schönstes Glück benennen.
Wär' dies ein Wahn, ein kurzes Träumen nur,
Dann ist das and're Leben nichts als Täuschung,
Ein eilendes, ein undankbares Spiel,
Ein öder Schlaf, der Schatten jenes Traumes,
Nur eine Nacht, gewitterbang und kalt —
Und Kronen, Herrschermacht und Siegesjubel
Sind nur die bleichen Sterne dieser Nacht.
Doch nein! An diesem Glauben halt' ich fest:
Die Liebe bleibt des Lebens Sonnenball!
Es macht ihr Licht, der Sterne Glanz erblassen
Und zeigt dem Blick des Frühlings Wunderreich.
Und quillt die Thräne von dem trunk'nen Auge,
Ist sie der Quell der reinsten Himmelslust;
In ihren Perlen spiegeln sich die Blumen
Und der Geliebten holdes Angesicht.
Leb' wohl, mein Kind! Mag nun das öde Sein,
Die finst're Nacht, von Wolken überflogen,
Sich um des Wand'rers müde Sinne senken
Und böse Geister seinen Schlummer stören!
Doch führt Erinnerung in meine Seele
Der Liebe hellen Tag zurück und stellt

In zauberhaften Bildern vor mein Auge
Das große Leben der Vergangenheit.
In diesen Bildern hoff' ich Dich zu seh'n,
Den Engel einer andern, bessern Welt,
Der mir des Friedens grüne Zweige spendet
Und Ahnung eines schönern Morgens bringt!

Der Tod.

Funkelnd an der Kuppeln Ränder
Wirft der Morgensonne Schein
Seiner Strahlen gold'ne Bänder
Auf Valladolid herein.
Alle Blumen in den Gärten,
Alle Vögel werden wach
Und den jubelnden Gefährten
Zieht die letzte Lerche nach.

Und es will des Morgens Schimmer
Durch der Zweige mattes Grün
Auch in eines Hauses Zimmer
Unter hohen Bäumen glüh'n.
Doch von schwerer Seidenhülle
Sind die Fenster halb verhängt,
Daß des Lichtes gold'ne Fülle
Sich in reichen Falten fängt.

Mag es draußen herrlich tagen,
Hier ist alles ernst und still;
Nur die Glocken hört man klagen,
Daß ein Leben scheiden will.
Und es taucht ein großes Leben
Zur Vergangenheit hinab,
Das den Menschen hat gegeben,
Was kein and'res Leben gab.

Nur ein leises Athmen kündet
Noch des Blutes müden Gang,
Das, in Feuerkraft entzündet
Sonst durch alle Pulse drang.
Das im Schwung der Fantasieen,
Im Gewühl der Leidenschaft
Flutend, schäumend durfte ziehen
Durch des Körpers enge Haft.

Und die Zung' ist still geworden,
Die den Hauch der Rede trug,
Brausend wie der Sturm aus Norden,
Milde wie des Ostens Flug;

Die mit der Begeist'rung Lanze
Siegreich für die Wahrheit focht'
Und zum zarten Liebeskranze
Ihrer Worte Blumen flocht'.

Aus den welken Zügen leuchtet
Nur das Auge klar hervor,
Das, von Thränen oft befeuchtet,
Seine Schönheit nicht verlor;
Das mit aller Glut der Seele
Seine kleinen Welten malt
Und im funkelnden Juwele
Ihre Bilder wiederstrahlt.

Sinnend weilen Colon's Blicke
Auf des Bruders weißem Haar,
Der im Sturme der Geschicke
Seine feste Stütze war;
Weilen wie mit stiller Klage
Auf des Sohnes Angesicht,
Das, ein Spiegel schöner Tage,
Ihm von Glück und Liebe spricht.

Nimmer bringt ein holdes Zeichen
Der Geliebten süßen Gruß:
Dieses Hoffen mußt' erbleichen
Mit dem letzten Wonnekuß
Den, von ihrem Arm umfangen,
Er im stillen Palmenhain
Einstens von den Rosenwangen
Sog in's tiefe Herz hinein.

Keine Worte milder Güte
Sendet ihm die Königin;
Diese hohe Frauenblüte
Nahm des Todes Hauch dahin.
All' dies Schöne liegt nun ferne,
Das sein Leben einst umkränzt
Und erloschen sind die Sterne,
Die so heiter ihm geglänzt. —

Und er hat den Blick gewendet
Und um seinen bleichen Mund
Schwebt ein Lächeln, wie gesendet
Aus der Seele tiefstem Grund.

Ueber seinem Sterbebette
Sieht er noch den alten Ring,
Der, verschlungen mit der Kette,
Einstens seinen Arm umfing.

Doch kein schmerzliches Erinnern
Senkt sich jetzt in seine Brust;
Es erwacht in seinem Innern
Jugendfrisch der Freiheit Lust.
Und er zieht in süßen Träumen
Wieder durch des Meeres Flut,
Dessen Wellen ihn umschäumen,
Funkelnd in der Sonne Glut. —

Laß' dein Auge freundlich blicken,
Denn dein Werk, es ist vollbracht!
Von den irdischen Geschicken
Hat das schönste Dir gelacht;
Mußte je das Glück sich fügen
Uns'rer stolzen Fantasie,
Dir ward es in vollen Zügen
Und dein Lorbeer welket nie.

Mit dem erſten Donnerhalle,
Der vom Bord der Pinta flog,
Mit dem erſten Jubelſchalle,
Der zum neuen Lande zog;
Mit dem Kuſſe, den der Erde
Du an jenem Tag geweiht,
Wurdeſt Du ein Gott der Erde,
Strahlend in Unſterblichkeit.

Eines nur hat Dir das Walten,
Des Geſchickes dunkler Rath,
Eines nur Dir vorenthalten:
Das Erkennen deiner That!
Nicht die Völker darfſt Du ſchauen,
Die dein hoher Ruhm umfängt,
Nicht der Reiche weite Gauen,
Deren Pforte Du geſprengt.

Könnteſt Du im Todesringen,
Fliegend auf der Zeiten Bahn,
Dich zu fernen Tagen ſchwingen
Durch Jahrhunderte hinan;

Selig würdest Du empfinden
Deine Größe, fühltest kaum,
Das Verwehen, das Entschwinden
Von dem schönen Erdentraum.

Oder sollen diese Flammen,
Die aus deinen Augen sprüh'n,
Der Verklärung schon entstammen,
Deren Stralen Dich umglüh'n?
Wenn der Menschengeist am Grabe
Seinen letzten Kampf besteht,
Ward ihm oft die Himmelsgabe,
Daß er tief Verborg'nes späht.

Folgst Du auf den blauen Wogen
Jener Schiffe stillem Lauf?
Schwarze Wimpel aufgezogen,
Dunkle Flaggen wehen d'rauf?
Und die Söhne stolzer Reiche
Stehen trauernd um den Sarg,
Der in seinem Raum die Leiche
Als ihr höchstes Kleinod barg.

Weile bei dem großen Bilde,
Denn der Todte bist ja Du!
Und die Fahrt geht dem Gefilde
Deiner jungen Heimat zu.
Und es klingen deinem Ruhme
Lieder einer fernen Zeit,
Die zu ihrem Heiligthume
Deines Grabes Stätte weiht.

Auf die schwindenden Gedanken
Strahlt der Segen einer Welt,
Wie noch in der Dämm'rung Schwanken
Golden sich die Erde hellt:
Sieh', Habana's Thürme blinken!
Dem geliebten Meere nah,
Darfst an's volle Herz Du sinken
Deiner Braut Amerika! —

Sanftes Lächeln noch umfließet
Seiner kalten Lippen Rand,
Die erlosch'nen Augen schließet
Liebevoll des Bruders Hand.

Leise singen im Chorale
Jetzt die Mönche das Gebet,
Bis vom Thurm' der Kathedrale
War der letzte Laut verweht.